LETTRES INÉDITES

ET DISCOURS

DE FRÉDÉRIC OZANAM

SUR

LA SOCIÉTÉ DE SAINT-VINCENT DE PAUL

PARIS. — IMP. SIMON RAÇON ET COMP., RUE D'ERFURTH, 1.

LETTRES INÉDITES

ET DISCOURS

DE

FRÉDÉRIC OZANAM

SUR

LA SOCIÉTÉ DE SAINT-VINCENT DE PAUL

PARIS

JACQUES LECOFFRE ET Cie, LIBRAIRES-ÉDITEURS

29, RUE DU VIEUX-COLOMBIER

1861

LETTRES INÉDITES

ET DISCOURS

DE FRÉDÉRIC OZANAM

SUR

LA SOCIÉTÉ DE SAINT-VINCENT DE PAUL

Les arguments ne sont point toujours la meilleure manière de défendre les causes attaquées, les exemples valent mieux. Quand l'esprit égaré par la passion ne se rend pas même à ce qu'il comprend, montrez au cœur une preuve vivante, il se taira peut-être devant ce qu'il respecte. On a vu toutes les calomnies proférées contre les ordres religieux tomber aux pieds du P. de Ravignan, du P. Lacordaire et de la sœur Rosalie. Les attaques violentes dirigées avec tant d'injustice contre la société de Saint-Vincent de Paul rentreraient peut-être aussi dans le néant, si on prononçait quelques noms propres. Cette société, qu'on accuse de disposer de sommes considérables, répond, comme autrefois le diacre Laurent; elle montre les milliers de pauvres qu'elle assiste et s'écrie : *Voici mes seuls trésors!* Elle pourrait aussi, sans vaine gloire, nommer quelques-uns de ses membres. Ce serait nommer, dans chacune des villes de France, les hommes les plus respectés. Que l'on essaye de traduire devant la justice quelques-uns de ces hommes charitables incriminés par la circulaire du 16 octobre 1861? S'ils sortent condamnés par la loi, nous affirmons que la loi sera condamnée par l'opinion. Mais ils ne se nommeront pas eux-mêmes, parce que, sans chercher le mystère, ils préfèrent le silence, et l'on verra tomber une des plus vastes, des plus pures et des plus touchantes créations de la charité catholique française.

Qu'il soit permis, sans contrister les vivants par la louange, d'opposer à tant de calomnies le souvenir d'un mort.

La société de Saint-Vincent de Paul a dû ses progrès, sa pureté, sa ferveur, le maintien de son esprit primitif d'union et de simplicité, principalement à trois hommes qui ne sont plus, à un homme humble, patient et sage, qu'on appelait M. Bailly, à un magistrat laborieux, ferme, prudent, et d'une haute piété, qui se nommait M. Gossin, et à Frédéric Ozanam.

L'illustre évêque d'Orléans a dit de lui, dans son éloquente défense de la société de Saint-Vincent de Paul : *Que sa mémoire, à défaut de sa parole, la protége et la recommande.* Il a été, en effet, pendant vingt ans, et il restera la personnification la plus exacte de cette société dont il fut l'un des premiers artisans et l'infatigable inspirateur.

Dieu a permis que dans ses lettres il ait écrit à l'avance l'histoire éloquente des origines de cette société, et tout particulièrement de ce conseil supérieur, lien, berceau et foyer de toutes les conférences, et qui vient d'être dénoncé, puis dissous.

Il n'est pas une attaque contre ce conseil à qui la mémoire d'Ozanam ne puisse être opposée, il n'est pas une erreur à laquelle sa correspondance ne serve de réponse.

Laissons-le parler, ah ! s'il pouvait revivre ! mais auparavant, c'est à son ami, au saint et illustre religieux, dont la mort émeut en ce moment le monde entier, et qui restera la plus grande gloire de l'Église de France au dix-neuvième siècle, c'est au P. Lacordaire que nous emprunterons le portrait d'Ozanam et l'histoire de la société de Saint-Vincent de Paul.

« Ozanam, tout jeune encore, sentait vivement les misères de son siècle. S'il l'eût haï et méprisé, il eût pu demander à l'orgueil l'insouciance de la destinée commune : mais il aimait cet âge, tourmenté du bien et du mal; il en espérait beaucoup, il le portait dans son sein comme un malade faisant un effort vers la vie, et tout ce qui tendait à l'avilir ou à le détourner de sa route lui causait une sensible affliction. Aussi, à peine âgé de vingt ans, Dieu, qui l'avait prédestiné à une existence courte et remplie, lui inspira-t-il un dessein qu'on n'eût pas même attendu d'un homme consommé, et qui devait prendre place parmi les œuvres les plus fécondes et les plus mémorables de ce temps.

« Quoique Ozanam n'eût jamais éprouvé dans sa foi de défaillance positive, cependant il ne laissait pas de sentir combien ce don précieux avait besoin d'être gardé au milieu de la défaveur publique et de l'irruption sans mesure des systèmes philosophiques et religieux. Le dix-huitième siècle avait détruit, le dix-neuvième voulait reconstruire. Mais, ne partant d'aucune foi et d'aucune fin surnaturelles, il ne pouvait se donner pour principe que la raison, pour but le plus élevé que l'amélioration du genre humain dans le temps. De là, des plans vastes, nouveaux, étrangers à tout ce qui avait précédé, annonçant avec enthousiasme le règne indéfini du bien-être sur la terre par une sainte réhabilitation de tous les plaisirs et une organisation pacifique de toutes les passions. Les thèmes étaient divers, le fond ne variait pas. Une foule d'esprits initiés aux sciences physiques et mathématiques, mais inhabiles à toute conception de l'ordre moral et religieux, s'étaient jetés dans ces spéculations, qui avaient une apparence gigantesque sans aucune force vitale, et qui devaient crouler devant l'impuissance d'une réalisation même éphémère comme tout ce qui n'a pas en soi le souffle divin du bon sens. Quiconque n'admet pas comme un élément du monde le mal de l'âme, qui est le péché, et le mal du corps, qui est le châtiment du péché, celui-là bâtit sur le néant : comme il y a dans l'air respirable un principe mortel, il y a dans la société humaine un principe de corruption. Il faut le combattre, mais non pas le nier, et, en le combattant, il faut être certain qu'on ne le déracinera jamais du sol où l'homme est semé. L'homme est un être libre, et chaque pulsation de sa vie produit le bien et le mal, comme la contradiction où s'exerce sa liberté. Mais ce qui est évident pour le chrétien ne l'est pas toujours pour le génie lui-même, bien moins encore pour les esprits médiocres qui croient en eux. Du temps qu'Ozanam fréquentait la poudre de la jurisprudence, ces systèmes éclos avant la révolution de 1830 avaient puisé dans le succès de l'événement politique une nouvelle énergie; ils affectaient les prétentions religieuses au nom de la négation morale, ils se donnaient des costumes officiels, ils préparaient des temples sur les hauteurs de Paris, ils ébranlaient enfin l'opinion, et l'on pouvait craindre que ce bruit ne fût de la puissance.

« Inquiets, mais non troublés, plusieurs jeunes gens s'étaient réunis avec Ozanam pour traiter toutes ces questions, et tenir tête, au nom de l'Évangile et de Jésus-Christ, à l'orgueil prophétique des nouveaux venus. Je dis l'orgueil prophétique, parce que c'était leur coutume de se donner l'avenir, et, tout en reconnaissant les bienfaits du christianisme dans le passé, de le dire impuissant à extirper le mal du monde, ce à quoi, en effet, le christianisme ne prétend pas. Après nombre de discussions d'histoire et de philosophie, Dieu, qui est avec ceux qui le cherchent, illumina le cœur de ces jeunes gens, ils étaient huit, et je ne blesserai le souvenir d'aucun d'eux en assurant qu'Ozanam, quoique leur condisciple, était le saint Pierre de leur obscur cénacle. Il n'a jamais réclamé cet honneur. Peu de mois avant sa mort, à Florence, il racontait dans une nombreuse assemblée de jeunes Toscans les origines de la société de Saint-Vincent de Paul, et il disait seulement qu'il était des *huit* à qui la chrétienté est redevable, après Dieu, de cette fondation. Il était donc des *huit*, cela suffit à sa mémoire, et, si Dieu l'a fait le premier entre ses pairs, il l'a fait aussi le premier dans la mort,

« Ces huit jeunes gens, au mois de mai 1833, eurent donc cette inspiration de prouver, une fois de plus, que le christianisme peut en faveur des pauvres ce qu'aucune doctrine n'a pu avec lui et après lui; et, tandis que les novateurs s'épuisaient en théories qui devaient changer le monde, eux, plus modestes, se prirent à monter les étages où se cachait la misère de leur quartier. On les vit, dans la fleur de l'âge, écoliers d'hier, fréquenter sans dégoût les plus abjects réduits, et apporter aux habitants inconnus de la douleur la vision de la charité. La charité est belle en quiconque l'accomplit; elle est belle dans l'homme mûr qui retranche une heure à ses affaires pour la donner aux affaires de la souffrance; elle est belle dans la femme qui s'éloigne un moment du bonheur d'être aimée pour porter l'amour à ceux qui n'en connaissent plus que le nom; elle est belle dans le pauvre qui trouve encore une parole et un denier pour le pauvre : mais c'est dans le jeune homme qu'elle apparaît tout entière, telle que Dieu la voit en lui-même au printemps de son éternité, telle que Jésus la voyait au jour de son pèlerinage, sur le front de saint Jean. Fille de la foi, Ozanam et ses amis voulurent lui confier la leur comme à une mère et ce fut leur intention que la charité servît de médiatrice aux générations de leur siècle et y versât la lumière que le raisonnement éperdu y répandait en vain.

« Vingt ans après, dans cette réunion de Florence que je mentionnais tout à l'heure, et où Ozanam mourant tirait de sa poitrine les dernières paroles éloquentes qu'il ait prononcées en public, il pouvait dire avec l'assurance de l'homme qui a rempli sa tâche sous l'œil et avec le bras de Dieu : « Au lieu de huit, à Pa- « ris seulement nous sommes deux mille, et nous visi- « tons cinq mille familles, c'est-à-dire environ vingt « mille individus, c'est-à-dire le quart des pauvres que « renferme cette immense cité. Les conférences, en « France seulement, sont au nombre de cinq cents, et « nous en avons en Angleterre, en Espagne, en Belgi- « que, en Amérique, et jusqu'à Jérusalem. C'est ainsi « qu'en commençant humblement on peut arriver à « faire de grandes choses, comme Jésus-Christ, qui de « l'abaissement de la crèche s'est élevé à la gloire du « Thabor. »

« O sainte fécondité des œuvres divines ! Société de Saint-Vincent de Paul, que nos yeux ont vue naître dans Paris de quelques jeunes gens exposés à tous les prestiges de leur siècle et à tous les périls de leur âge, non, vous ne périrez jamais dans notre mémoire, et jamais non plus n'y périra l'espérance que vous nous avez donnée des bénédictions de Dieu !

« C'était de loin que la Providence s'y était prise pour préparer l'avénement d'une œuvre qu'elle destinait à une si prompte et si admirable diffusion. Ozanam en avait puisé le germe dans son propre sang, et lorsqu'il montait l'escalier des pauvres, il pouvait y retrouver les pas de son père et de sa mère. Tous deux, en effet, avaient l'habitude de visiter en personne les indigents; tous deux, déjà vieillis, se défendaient l'un à l'autre de monter au delà du quatrième étage; mais, la charité trompant leur prudence réciproque, il leur arrivait de se rencontrer en flagrant délit au même palier. Instruit à une telle école, Ozanam n'avait point séparé la foi des œuvres; il avait appris de bonne heure à joindre aux mouvements de l'âme qui le portaient vers Dieu les mouvements d'une tendresse plus sûre de ne pas se faire illusion, et il voyait Jésus-Christ dans les pauvres pour être certain de le voir et de le posséder dans son cœur. Au lieu que, d'ordinaire, le goût des spéculations de l'esprit incline à oublier les douloureuses réalités de la vie, Ozanam avait reçu à la fois les deux dons, celui d'une ardeur scientifique extrême et celui d'une sensibilité non moins active aux maux de ses frères. Il traitait les pauvres avec le respect le plus affectueux. Venaient-ils chez lui, il les faisait asseoir dans ses fauteuils, comme des hôtes de distinction. Allait-il chez eux, après leur avoir donné son argent, sa parole et son temps, il ne manquait pas d'ôter son chapeau et de leur dire avec un salut gracieux qu'il affectionnait : « Je suis votre serviteur. » Le jour de Pâques, il leur portait de petits cadeaux, tels qu'un bénitier, une Vierge, un Christ, ou un pain plus délicat choisi exprès.

« Le matin d'un jour de l'an, celui de 1852, le dernier qu'il ait vu à Paris et l'avant-dernier qu'il ait vu au monde, il dit à sa femme qu'une telle famille était bien malheureuse, qu'elle avait été obligée de mettre au mont-de-piété sa commode de mariage, dernier reste d'une ancienne aisance, et qu'il avait envie de la leur rendre pour leurs étrennes du premier de l'an. Sa femme l'en dissuada par des raisons plausibles, et il s'y rendit. Le soir venu, au retour des visites officielles, Ozanam était triste ; il jeta un regard douloureux sur les jouets entassés aux pieds de sa fille, et ne voulut pas toucher aux bonbons qu'elle lui présentait. Il était aisé de comprendre qu'il regrettait la bonne œuvre manquée le matin. Sa femme l'ayant supplié de suivre sa première pensée, il partit aussitôt pour racheter le meuble, et, après l'avoir accompagné lui-même jusque chez ces pauvres gens, il rentra tout heureux.

« Comme tous ceux qui font du bien, Ozanam était trompé quelquefois. Il avait longtemps secouru un Italien en lui demandant des traductions dont il n'avait nul besoin. Cet étranger, placé par lui, trahit la confiance de l'établissement qui l'avait reçu, et, pressé par la misère, il revint à celui dont il connaissait le cœur et la porte. Ozanam, pour la première fois, l'accueillit durement et lui refusa l'aumône. Mais à peine était-il seul, que le remords entra dans sa conscience. Il se disait intérieurement « qu'on ne doit jamais réduire un « homme au désespoir, et qu'on n'a pas le droit de re« fuser un morceau de pain au plus vil scélérat ; que

« lui-même un jour aurait besoin que Dieu ne fût pas « inexorable pour lui, comme il venait de l'être pour « une de ses créatures rachetées de son sang. » N'y pouvant plus tenir, il prend son chapeau, court à toutes jambes à la recherche de ce malheureux, le retrouve au milieu du Luxembourg, et lui donne avec l'aumône une preuve de son repentir et de sa charité.

« Un dernier trait achèvera de le peindre sous ce rapport. Il avait compris que, sans un budget régulier des pauvres, l'aumône est toujours pesante, incertaine, et au-dessous de la part qu'on lui doit. C'est pourquoi son budget des pauvres était exactement dressé chaque année, et il s'élevait ordinairement au dixième de ses dépenses, quelquefois plus haut. En cette manière, le sacrifice une fois fait, le visage de personne ne lui était importun. Il savait que le petit trésor était là. La seule question était la quantité de bonheur qu'il se donnerait en le distribuant à propos.

« Telle fut donc l'origine de la société de Saint-Vincent de Paul, telle fut la première œuvre d'Ozanam, et, je l'ai dit, il n'avait que vingt ans.

« Mais, avant de le suivre plus loin, je ne puis omettre une remarque. Depuis le rétablissement du culte catholique en France, c'est-à-dire depuis les premières années du siècle, toutes les associations intimes, fondées au nom de la foi, avaient été mêlées d'un élément étranger. Les affinités politiques étaient le levain secret qui se cachait plus ou moins sous la sincérité réelle qu'on y apportait. Ozanam et ses amis rompirent avec cette tradition. Ils déclarèrent que dans une œuvre de charité, non moins qu'à l'église devant Jésus-Christ, *il n'y avait plus de Juif ni de Grec*, et que quiconque aimerait les pauvres serait le bienvenu par eux, sans que jamais on s'enquît des opinions qui gouvernaient sa pensée. Non pas que ce fût de leur part un mépris des opinions, ou qu'ils voulussent fonder leur ouvrage sur l'indifférence des choses du temps. Les choses du temps sont toujours bonnes ou mauvaises, vraies ou fausses, utiles ou nuisibles, et par conséquent un chrétien en tient le compte qu'il doit : mais ce ne sont néanmoins que des choses qui passent, et le don du Christ est de nous élever plus haut, dans les régions où l'on n'aperçoit plus les contradictions humaines, où on les oublie du moins dans un rapprochement qui est la grande trêve de Dieu. Saint Vincent de Paul, choisi par Ozanam et ses coopérateurs pour signe de ralliement, était lui-même un nom pacifique, un nom cher au monde comme à l'Église, et dont le prestige, tenant du ciel et de la terre, convenait à toute âme généreuse comme à tout bon dessein.

« Aussi, une fois la barrière ouverte, nul ne resta dehors de ceux qui étaient capables de donner à Dieu une heure de leur temps, et la société de Saint-Vincent de Paul est devenue, selon une heureuse expression de saint Vincent de Paul lui-même, *le parti de Dieu et des pauvres*, l'agape universelle, la résurrection de l'unité entre ceux qui veulent travailler au salut du monde sans prendre les livrées d'un apostolat trop fort pour leur vocation ou leur vertu. Les révolutions elles-mêmes, qui avaient déraciné tant d'autres œuvres, ont respecté celle-ci. Le parfum sans tache de la charité a écarté d'elle le soupçon ; on a cru à sa sincérité parce qu'elle a été sincère [1]. »

II

Laissons maintenant la parole à Ozanam lui-même, ouvrons ses lettres intimes et saisissons la pensée qui présida aux débuts de la Société de Saint-Vincent de Paul :

A MONSIEUR FALCONNET [2].

Paris, le 21 juillet 1834.

. . . . . Nous sommes trop jeunes pour intervenir dans la lutte sociale : resterons-nous donc inertes au milieu du monde qui souffre et qui gémit ? Non, il nous est ouvert une voie préparative : avant de faire le bien public, nous pouvons essayer de faire le bien de quelques-uns ; avant de régénérer la France, nous pou-

[1] Notice sur Frédéric Ozanam, par le P. Lacordaire.
[2] Aujourd'hui conseiller à la Cour impériale de Paris.

vons soulager quelques-uns de ses pauvres... *Je voudrais que tous les jeunes gens de tête et de cœur s'unissent pour quelque œuvre charitable et qu'il se formât par tout le pays une vaste association généreuse pour le soulagement des classes populaires.* Je te conterai un jour ce qui s'est fait à Paris dans ce genre, cette année et l'année passée, afin que tu voies s'il te convient d'y prendre part.....

Les exemples de Paris furent suivis en province. La première conférence ayant été fondée à Nîmes par un ami d'Ozanam, il salue cette fondation par ces paroles :

A MONSIEUR LÉONCE CURNIER[1], A NÎMES.

Lyon, le 5 novembre 1834.

Mon cher ami,

Votre lettre m'a comblé de joie. Cette joie, je ne l'ai point gardée pour moi seul : je l'ai communiquée à quelques-uns de mes amis qui font partie de notre petite société et qui se trouvent ici en vacances; j'ai écrit sur-le-champ aux membres présents à Paris, pour leur annoncer cette bonne nouvelle et pour avoir le rapport que vous me demandez. Mais permettez-moi

[1] Aujourd'hui receveur général à Nîmes

de vous féliciter dès à présent du bien que vous avez commencé et de celui que vous vous préparez à faire. Vous avez trouvé des collègues dignes de vous, vous avez trouvé un guide sage. Le champ est devant vous, la moisson y a tracé de larges sillons; vous y sèmerez des bienfaits à pleines mains, vous les verrez grandir et fructifier. Dieu et les pauvres vous béniront; et nous que vous aurez surpassés, nous serons fiers et joyeux de compter de tels frères. Le vœu que nous formions est donc accompli; vous êtes le premier écho qui ait répondu à notre faible voix, d'autres s'élèveront bientôt, peut-être; alors le plus grand mérite de notre petite société parisienne sera d'avoir donné l'idée d'en former de pareilles. Il suffit d'un fil pour commencer une toile; souvent une pierre jetée dans les eaux devient la base d'une grande île.

Je crois donc que vous avez pris tout ce qu'il y avait de bon parmi nous en y prenant une idée charitable qui était déjà sans doute dans votre âme, mais qui n'avait pas encore d'expression; dans une pareille œuvre il faut s'abandonner beaucoup plus à l'inspiration du cœur qu'aux calculs de l'esprit. La Providence vous donne elle-même ses conseils par les circonstances dont elle vous environne, par les pensées qu'elle vous envoie. Je crois que vous ferez bien de les suivre librement et de ne vous guère charger de règlements et de formules.

D'ailleurs le but que nous nous proposons à Paris n'est pas absolument le même que celui que vous vous proposez, je pense, en province. A Paris nous sommes des oiseaux de passage, éloignés pour un temps du nid paternel, et sur lesquels l'incrédulité, ce vautour de la pensée, plane pour en faire sa proie. Nous sommes de pauvres jeunes intelligences, nourries au giron du catholicisme et disséminées au milieu d'une foule inepte et sensuelle; nous sommes des fils de mères chrétiennes, arrivant un à un dans des murs étrangers où l'irréligion cherche à se recruter de nos pertes : eh bien! il s'agit avant tout que ces faibles oiseaux de passage se rassemblent sous un abri qui les protége, que ces jeunes intelligences trouvent un point de ralliement pour le temps de leur exil, que ces mères chrétiennes aient quelques larmes de moins à répandre, et que leurs fils leur reviennent comme elles les ont envoyés. Il importait donc de former une association d'*encouragement mutuel* pour les jeunes gens catholiques : où l'on trouvât amitié, soutien, exemples; où l'on rencontrât pour ainsi dire un simulacre de la famille religieuse dans laquelle on avait été nourri; où les plus anciens accueillissent les nouveaux pèlerins de la province et leur donnassent une espèce d'hospitalité morale. Or, le lieu le plus fort, le principe d'une amitié véritable, c'est la charité; et la charité ne peut exister dans le cœur de plusieurs sans s'épancher au dehors; c'est un feu qui s'éteint faute d'aliments; et l'aliment de la charité, ce sont les bonnes œuvres. Ainsi, c'est pour notre bien d'abord, que notre réunion a été fondée, et, si nous nous donnons rendez-vous sous le toit des pauvres, c'est moins pour eux que pour nous, c'est pour devenir meilleurs et plus amis.

Pour vous, vous me semblez appelé à une mission plus généreuse. Vous êtes dans vos foyers vénérables où votre enfance a grandi et que votre jeunesse n'a pas désertés, où vous respirez une atmosphère pure, où vous vivez au milieu des bonnes traditions et des bons exemples. La terre ne chancelle pas sous vos pieds; vous n'avez pas besoin de nouveaux efforts pour vous affermir; votre foi et votre vertu n'ont pas besoin de l'*association* pour se maintenir, mais seulement pour se développer; ce n'est point une nécessité pour vous, c'est l'action libre, spontanée, d'une volonté libre et solide. Vous agirez directement pour les pauvres : vous formerez d'ailleurs une réunion permanente et non pas sans cesse renouvelée comme la nôtre. Vous répandrez vos bienfaits dans votre propre ville et non dans une cité étrangère. Votre œuvre sera donc à la fois plus durable, plus éclairée, plus puissante. Vous pouvez rester peu nombreux, et, quand vous ne seriez jamais qu'une douzaine, si vous êtes unis d'une véritable intimité, vous pouvez faire un grand bien dans une ville de trente mille âmes. Nous, au contraire, nous sommes forcés de nous étendre même au risque de nous relâcher, pour embrasser dans notre cercle le plus grand nombre possible de jeunes gens. Je ne sais si je me suis exprimé d'une manière intelligible, mais je voulais attirer votre attention sur la différence du but, parce qu'elle doit appeler la différence dans les moyens. Je n'entre pas dans de plus longs détails sur notre petite société de Paris, et le rapport de M. Lanoue vous en apprendra plus que je ne pourrais faire. Depuis que nous existons, nous avons distribué à peu près deux mille quatre cents francs, quelques livres et une assez grande quantité de vieux habits. Nos ressources consistent : 1° dans la quête que nous faisons entre nous chaque mardi ; 2° dans les aumônes de quelques personnes charitables qui veulent bien aider ainsi notre bonne volonté ; 3° dans la défroque de notre garde-robe. Comme il est probable qu'au renouvellement de l'année scolaire, notre nombre augmentera et s'élèvera à une centaine, nous serons obligés de nous diviser et de former plusieurs sections, qui auront périodiquement une assemblée commune. Quand ces nouveaux arrangements seront pris, je vous en informerai. Car, malgré ce que je vous ai dit de la dissemblance qui me paraît devoir exister entre nos deux sociétés, elle ne doit pas diminuer l'union et l'harmonie, au contraire ; de même que des rayons divergents aboutissent tous au même centre, ainsi nos efforts variés et tendant vers des points divers se résolvent dans une même pensée charitable, et procèdent du même principe ; il faut donc qu'il y ait accord entre nous pour doubler notre force, il faut donc qu'il y ait des communications fréquentes qui nous donnent une louable émulation pour le bien et qui nous rende fiers du succès de chacun. Aussi, en écrivant à notre petite société de Paris, je lui ai demandé de former une liste de membres correspondants et d'y inscrire votre nom d'abord, et ensuite celui de messieurs vos amis, quand vous voudrez bien nous les faire connaître ; ce ne sera point là une formalité académique, ce sera une véritable correspondance pour laquelle vous pouvez compter sur mon exactitude comme je compte sur votre amitié.

Excusez, mon cher ami, la témérité que j'ai eu de vous donner quelques avis; à vrai dire, ce ne sont point là des conseils, je ne suis pas capable d'en adresser à qui que ce soit; ce sont des réflexions, qui me sont venues, et que je vous confie pour en faire ce que vous voudrez. Une autre fois, ce sera vous, à votre tour, qui me communiquerez les résultats de votre expérience.

Trois mois après, la conférence de Nîmes ayant correspondu avec Paris, voici les conseils qu'on lui envoie :

A MONSIEUR LÉONCE CURNIER, A NÎMES.

Paris, le 25 février 1835.

Mon cher ami,

Dès les premiers jours de mon arrivée ici, j'ai songé au rapport que vous m'aviez demandé. Notre président, M. Bailly, a cherché le rapport dans ses papiers, et il y a peu de temps qu'il m'a annoncé l'inutilité de ses recherches. Ainsi ce document est perdu. Ce n'est pas un grand malheur pour nous; il y avait dans cette histoire abrégée de notre œuvre une pensée qui était peut-être de l'orgueil. *Dieu, qui veut que la main gauche ignore ce que la droite a donné, a permis que nous perdissions un titre qui ne servait qu'à nous donner un peu de vanité ridicule.* La charité ne doit jamais regarder derrière elle, mais toujours devant, parce que le nombre de ses bienfaits passés est toujours très-petit, et que les misères présentes et futures qu'elle doit soulager sont infinies. Voyez les associations philanthropiques : ce ne sont qu'assemblées, rapports, comptes rendus, mémoires; elles n'ont pas un an d'existence qu'elles possèdent déjà de gros volumes de procès-verbaux. La philanthropie est une orgueilleuse pour qui les bonnes actions sont une espèce de parure et qui aime à se regarder au miroir. La charité est une tendre mère qui tient les yeux fixés sur l'enfant qu'elle porte à la mamelle, qui ne songe plus à elle-même et qui oublie sa beauté pour son amour.

Je ne crois pas non plus que cette perte soit fâcheuse pour vous. Il est mieux que vous éleviez votre œuvre par vos propres forces, sous l'inspiration de votre cœur, sous l'influence des circonstances locales, sous la direction de l'homme vénérable qui vous préside ; avec tout cela, vous vous passerez très-facilement d'un modèle, du reste, fort imparfait; vous ne ferez pas comme nous, vous ferez mieux que nous.

Cette prédiction n'est point une flatterie, c'est l'expression de ce que j'ai senti à la lecture de votre lettre si brûlante de charité, si pleine de ce feu apostolique qui a embrasé le monde, et dont votre âme a recueilli de si vives étincelles. J'aurais été égoïste et mauvais si j'avais gardé pour moi seul cette jouissance : j'ai dû porter à notre réunion vos belles et généreuses paroles; j'ai lu à mes collègues réunis, en présence du curé de la paroisse qui avait bien voulu venir nous présider ce jour-là, une grande partie de votre lettre. L'impression qu'elle leur a laissée ne peut se traduire que par ces mots de l'un d'eux : « Vraiment, c'est la foi, c'est la charité des premiers siècles. » Oh! oui, mon ami, la foi, la charité des premiers siècles! Ce n'est pas trop pour notre âge. Ne sommes-nous pas comme les chrétiens des premiers temps, jetés au milieu d'une civilisation corrompue et d'une société croulante? Jetons les yeux sur le monde qui nous environne. Les riches et les heureux valent-ils beaucoup mieux que ceux qui répondaient à saint Paul : « Nous vous entendrons une autre fois? » Et les pauvres et le peuple sont-ils beaucoup plus éclairés et jouissent-ils de plus de bien-être que ceux auxquels prêchaient les apôtres?

Donc, à des maux égaux il faut un égal remède; la terre s'est refroidie, c'est à nous catholiques de ranimer la chaleur vitale qui s'éteint; c'est à nous de recommencer aussi l'ère des martyrs. Car, être martyr, c'est chose possible à tous les chrétiens; être martyr, c'est donner sa vie pour Dieu et pour ses frères, c'est donner sa vie en sacrifice, que le sacrifice soit consommé tout d'un coup comme l'holocauste, ou qu'il s'accomplisse lentement, et qu'il fume nuit et jour comme les parfums sur l'autel ; être martyr, c'est donner au ciel tout ce qu'on a reçu : son or, son sang, son âme tout entière. Cette offrande est entre nos mains ; ce sacrifice, nous pouvons le faire ; c'est à nous de choisir à quels autels il nous plaira de le porter ; à quelle divinité nous irons consacrer notre jeunesse et les temps qui la suivront, à quel temple nous nous donnerons rendez-vous : au pied de l'idole de l'égoïsme, ou au sanctuaire de Dieu et de l'humanité.

L'humanité de nos jours me semble comparable au voyageur dont parle l'Évangile ; elle aussi, tandis qu'elle poursuivait sa route dans les chemins que le Christ lui a tracés, elle a été assaillie par des ravisseurs, par les larrons de la pensée, par des hommes méchants qui lui ont ravi ce qu'elle possédait : le trésor de la foi et de l'amour, et ils l'ont laissée nue et gémissante, couchée au bord du sentier. Les prêtres et les lévites ont passé, et cette fois, comme ils étaient des prêtres et des lévites véritables, ils se sont approchés de cet être souffrant et ils ont voulu le guérir. Mais, dans son délire, il les a méconnus et repoussés.

A notre tour, faibles Samaritains profanes et gens de peu de foi que nous sommes, osons cependant aborder ce grand malade. Peut-être ne s'effrayera-t-il point de nous, essayons de sonder ses plaies et d'y verser l'huile, faisons retentir à son oreille des paroles de consolation et de paix ; et puis, quand ses yeux se seront dessillés, nous le remettrons entre les mains de ceux que Dieu a constitués les gardiens et les médecins des âmes, qui sont aussi, en quelque sorte, nos hôteliers dans le pèlerinage d'ici-bas, puisqu'ils donnent à nos esprits errants et affamés la parole sainte pour nourriture et l'espérance d'un monde meilleur pour abri. Voilà ce qui nous est proposé, voilà la vocation sublime que la Providence nous a faite. Mais que nous en sommes peu dignes et que nous fléchissons sous le fardeau ! Je parle de nous autres, étudiants de Paris, colonie du peuple de Dieu sur la terre étrangère. Il semble que le spectacle de cette corruption et de cette misère devrait nous rendre ardents et forts. Il semble qu'ayant devant nous de grands vices, et au-dessus de nous de grandes vertus, nous dussions être comme un bataillon serré en face de l'ennemi, rangé sous des drapeaux qu'il aime. Et malheureusement il n'en est point ainsi. Je ne sais quelle langueur semble s'être emparée de nous. Je ne crains pas de dire du plus grand nombre ce qui est vrai de moi en particulier.

Cependant j'espère que Dieu ne nous abandonnera pas, surtout si nous avons des frères qui prient et qui méritent pour nous.

Au nom donc de notre société, je félicite la vôtre de son courage ; je la remercie de l'attachement qu'elle veut bien nous donner. Je la prie de nous en donner témoignage en confondant ses prières et ses bonnes œuvres avec les nôtres. Souvenez-vous de notre faiblesse comme nous nous souviendrons de votre ardeur.

Vous voulez bien considérer votre société comme une colonie de la nôtre : demandez donc au ciel la conservation et la prospérité de votre métropole, afin qu'elle ne périsse point. Au premier temps du christianisme les communautés d'Asie envoyèrent le flambeau de la foi aux peuples de la Gaule, et, quand la Gaule fut devenue chrétienne, l'Asie cessa de l'être. *Si parva licet componere magnis*, faisons qu'il n'en soit pas ainsi de notre œuvre parisienne ; faisons que longtemps encore et toujours, s'il se peut, il y ait en cette ville un foyer de religion où les fils des mères chrétiennes puissent se réunir pour conserver ensemble la chaleur et la lumière, pour augmenter l'une et l'autre et les rapporter dans leurs provinces.....

On voit poindre ici la première pensée d'un conseil central. C'est l'origine de ce *conseil général* qu'on a appelé *une espèce de comité directeur qui s'arroge le droit de gouverner les sociétés locales pour en faire une sorte d'association occulte*. Il est né tout naturellement, il est sorti du besoin qu'on en avait, du plaisir qu'on y trouvait. Écrivez-nous ! priez pour nous ! c'est l'adieu des amis qui s'éloignent à ceux qui demeurent dans la maison paternelle. Cette maison devient un centre ; on s'écrit, et le charme de l'amitié, la croyance à la communion chrétienne des bonnes œuvres, tranforment une habitude en une institution ; ainsi a été fondé le conseil général.

A MONSIEUR JANMOT, PEINTRE, A ROME[1].

13 novembre 1836.

..... Et nous, mon cher ami, ne ferons-nous rien pour ressembler à ces saints que nous aimons, et nous contenterons-nous de gémir sur la stérilité de la saison présente, tandis que chacun de nous porte dans le cœur un germe de sainteté que le simple vouloir suffirait à faire éclore? Si nous ne savons pas aimer Dieu comme ceux-là l'aimaient, sans doute ce nous doit être un sujet de reproche, mais encore notre faiblesse peut y trouver quelque ombre d'excuse; car il semble qu'il faille voir pour aimer, et nous ne voyons Dieu que des yeux de la foi, et notre foi est si faible!

Mais les hommes, mais les pauvres, nous les voyons des yeux de la chair, ils sont là, et nous pouvons mettre le doigt et la main dans leurs plaies, et les traces de la couronne d'épines sont visibles sur leur front; et ici l'incrédulité n'a plus de place possible, et nous devrions tomber à leurs pieds et leur dire avec l'apôtre : *Tu es Dominus et Deus meus* : « Vous êtes nos maîtres et nous « serons vos serviteurs, vous êtes pour nous les images « sacrées de ce Dieu que nous ne voyons pas, et, ne sa- « chant pas l'aimer autrement, nous l'aimons en vos « personnes. » Hélas! si au moyen âge la société ma-

[1] Lettre citée par Monseigneur l'évêque d'Orléans dans son écrit : *Les Sociétés de charité, les Francs-Maçons et la Circulaire du 16 octobre* 1861.

lade ne put être guérie que par l'immense effusion d'amour qui se fit surtout par saint François d'Assise; si plus tard de nouvelles douleurs appelèrent les mains secourables de saint Philippe de Néri, de saint Jean de Dieu et de saint Vincent de Paul, combien ne faudrait-il pas à présent de charité, de dévouement, de patience, pour guérir les souffrances de ces pauvres, plus indigents encore que jamais, parce qu'ils ont refusé la nourriture de l'âme en même temps que le pain du corps venait à leur manquer? La question qui divise les hommes de nos jours n'est plus une question de formes politiques, c'est une question sociale, c'est de savoir qui l'emportera de l'esprit d'égoïsme ou de l'esprit de sacrifice; si la société ne sera qu'une grande exploitation au profit des plus forts, ou une consécration de chacun pour le bien de tous, et surtout pour la protection des faibles. Il y a beaucoup d'hommes qui ont trop et qui veulent avoir encore; il y en a beaucoup plus d'autres qui n'ont pas assez, qui n'ont rien, et qui veulent prendre si on ne leur donne pas. Entre ces deux classes d'hommes une lutte se prépare : et cette lutte menace d'être terrible : d'un côté la puissance de l'or, de l'autre la puissance du désespoir. Entre ces armées ennemies, il faudrait nous précipiter, sinon pour empêcher, au moins pour amortir le choc. Et notre âge de jeunes gens, notre condition médiocre, nous rendent plus facile ce rôle de médiateurs que notre titre de chrétiens nous rend obligatoire. Voilà l'utilité possible de notre société de Saint-Vincent de Paul.

Mais pourquoi me perdre en vaines paroles, lorsque toutes ces choses-là, vous avez dû les penser au pied du tombeau des saints apôtres; lorsque vous dormez sur le cœur de l'Église mère des Églises, et que vous en ressentez la chaleur de plus près, et que vous respirez ses inspirations? Vous avez déjà fait une œuvre excellente en établissant là-bas la conférence, et vous avez été servi par un admirable instinct, quand vous lui avez donné pour objet la visite des pauvres Français dans les hôpitaux de Rome. Dieu vous donnera la bénédiction qu'il donna lui-même à ses premiers ouvrages: « Croissez et multipliez. » C'est peu pourtant de croître, il faut en même temps s'unir; à mesure que la circonférence s'étend, il faut que chacun de ses points communique avec le centre par des rayons non interrompus. Une conférence, tu le sais, existe à Nîmes; une autre vient de se former à Lyon, nous sommes quinze, presque tous de tes anciens amis; nous avons beaucoup de bien à faire, et nous en avons peu fait. Il y a cinq conférences à Paris. *Il faudrait maintenant une correspondance qui nous ralliât tous.* Je ne sais si vous avez le règlement de Paris; si vous le désirez, je vous le ferai avoir. En outre, à Paris, il y a des fêtes communes et des assemblées générales; on pourrait s'y associer en assistant à la messe les jours de fête, et en envoyant à l'assemblée générale un petit compte rendu des opérations faites jusque-là. Nous nous proposons de faire ainsi pour la prochaine fête de l'Immaculée Conception, 8 décembre. Ne pourriez-vous pas en faire autant et envoyer pour ce jour-là à M. Bailly (rue des Fossés-Saint-Jacques, 11), un court exposé de la formation et de l'état de votre œuvre? Nos confrères de Paris s'en trouveraient heureux.

Qu'est-ce que ce M. Bailly? Le conseil, l'exemple des étudiants qui ont fondé la société de Saint-Vincent de Paul. Il a mis à leur disposition sa maison, sa personne, son expérience. Il a consenti à les présider. L'un des étudiants lui sert de secrétaire général, et, dès 1837, cette fonction n'est pas une sinécure, à en juger par ce que Ozanam écrit à son ami, chargé de la remplir.

A MONSIEUR LALLIER[1].

Pierre-Bénite, près Lyon, 5 octobre 1837.

Notre petite société de Saint-Vincent de Paul est devenue assez considérable pour être regardée comme un fait providentiel; et ce n'est pas sans quelque raison que vous y occupez une charge qui a de l'importance. Ne vous y trompez pas : secrétaire général, vous êtes, après M. Bailly, l'âme de la société; c'est de vous que dépend l'union des diverses conférences et, de l'union, la vigueur et la durée. Voyez donc que de grands devoirs vous sont imposés, et l'activité est le premier de tous.

[1] Aujourd'hui, président du tribunal de Sens.

Lyon, le 7 février 1838.

Il vous appartient, par votre ancienneté et votre charge dans la société de Saint-Vincent de Paul, de la ranimer de temps à autre par des inspirations nouvelles qui, sans nuire à son esprit ancien, préviennent les dangers d'une trop monotone uniformité. Prenons garde de ne pas nous renfermer, par des habitudes trop restreintes, dans de certaines limites infranchissables de nombre et de durée..... Vous ne sauriez croire quelle magie il y a dans les paroles venues de loin et dans le suffrage d'un si grand nombre d'amis. *Les liens qui nous unissent à la société de Paris sont comme ceux qui unissaient ces jumeaux célèbres dont la séparation fit la mort; le sang et la vie y circulent intérieurement*.....

.....Courage donc, chers amis, nos aînés dans la pratique du bien, soyez toujours nos modèles. Il me semble quelquefois que la société de Saint-Vincent de Paul ainsi placée aux portes des écoles, c'est-à-dire aux sources de la génération nouvelle, de cette génération destinée à occuper un jour les positions sociales d'où s'exercent toutes les influences, pourrait donner quelque impulsion heureuse à notre pauvre société française et, par la France, au monde entier. Il me semble que Lacordaire est le Pierre l'Ermite de la croisade dont il vient de marquer si bien les camps et les bannières.....

Lyon, le 17 mai 1838.

..... Nous lisons maintenant dans nos réunions, au lieu de l'*Imitation*, la Vie de saint Vincent de Paul, pour mieux nous pénétrer de ses exemples et de ses traditions. Un saint patron n'est pas en effet une enseigne banale, pour une société, comme un Saint-Denis ou un Saint-Nicolas pour un cabaret ; ce n'est même pas un nom honorable sous lequel on puisse faire bonne contenance dans le monde religieux, c'est un type qu'il faut s'efforcer de réaliser, comme lui-même a réalisé le type divin qui est Jésus-Christ. C'est une vie qu'il faut continuer, un cœur auquel il faut réchauffer son cœur ; une intelligence où l'on doit chercher des lumières ; c'est un modèle sur la terre et un protecteur au ciel. Un double culte lui est dû, d'imitation et d'invocation. C'est d'ailleurs à ces seules conditions de s'approprier les pensées et les vertus du saint que la société peut échapper aux imperfections personnelles de ses membres, qu'elle peut se rendre utile dans l'Église et se donner une raison d'existence. Saint Vincent de Paul, l'un des plus récents d'entre les canonisés, a un avantage immense par la proximité des temps où il vécut, par la variété infinie des bienfaits qu'il répandit, par l'universalité de l'admiration qu'il inspira. Les grandes âmes, qui approchent Dieu de plus près, y prennent quelque chose de prophétique. Ne doutons pas que saint Vincent de Paul n'ait eu une vision anticipée des maux et des besoins de notre époque : il n'était pas homme à fonder sur le sable ni à bâtir pour deux jours. La bénédiction du quatrième commandement est sur la tête des saints : ils honorèrent ici-bas leur Père céleste, ils vivront longuement. Une immortalité terrestre leur est décernée dans leurs œuvres. C'est pourquoi les Augustin, les Benoît, les Bruno, les François, qui dorment depuis quinze, douze, huit, six siècles, dans la poussière, ne cessent pas d'avoir leur postérité spirituelle, leurs représentants debout au milieu des ruines du passé. L'astre de saint Vincent de Paul, monté plus tard sur l'horizon, n'est pas destiné sans doute à fournir une moins longue carrière. Marchons à sa lueur; honorons aussi notre père en la personne de ce *patron* si digne d'amour, et nous vivrons longtemps aussi. Nous verrons peut être un jour les enfants de notre vieillesse trouver un large abri sous cette institution, dont nous avons vu les frêles commencements. Nous surtout, habitants des provinces, nous tressaillirons de joie de pouvoir assurer à nos fils cette hospitalité parisienne qui rassurera nos mères. Autour de nous montera toujours croissant le flot de la génération catholique, et nous apercevrons le moment où il se débordera pour inonder et renouveler la face de notre pauvre patrie. Le besoin en est grand.....

On aura remarqué dans les lettres précédentes qu'Ozanam

n'habite plus Paris. Rentré à Lyon, il devint président général des conférences établies dans cette ville chrétienne et généreuse ; c'est en leur nom qu'il conjure le conseil de Paris d'exercer davantage son autorité :

A MONSIEUR LALLIER.

Lyon, le 11 août 1838.

..... Enfin on adjure le conseil de Paris de se donner à lui-même une existence plus soutenue et plus énergique, de se réunir plus souvent et d'entretenir une correspondance plus active avec les conférences de province, afin de prévenir l'isolement et l'extrême individualité de quelques-unes, de réchauffer le zèle languissant des autres. En ce qui les concerne les conférences de Lyon protestent que jamais elles ne se permettraient un acte important comme la réimpression du règlement, un sermon de charité, une manifestation tendant à compromettre l'obscurité de la société de Saint-Vincent de Paul, sans s'être assuré l'assentiment du conseil de Paris. Elles comprennent que toute leur force est dans l'union, et que toute la spécialité de leur œuvre est précisément dans son universalité.

Dans cette correspondance fraternelle, qui ne s'arrête pas un instant, nous relèverons encore l'opinion d'Ozanam sur la question légale qui est aujourd'hui opposée à la société tout entière :

A MONSIEUR LALLIER.

Paris, le 11 juillet 1845.

La dernière circulaire, qui a dû se croiser avec votre lettre, répondait à la question de l'*autorisation*. Il est de la politique du gouvernement, et à vrai dire, de tous les gouvernements, d'accorder des *tolérances* plutôt que des *autorisations*, et des faveurs plutôt que des droits. Il suffit que la conférence n'ait rien de clandestin, que la police connaisse les réunions, qu'elle les tolère, qu'elle ne puisse pas prétendre les ignorer. Du reste, l'acte qui autorise est aussi révocable qu'une simple permission tacite. Il n'y a donc d'avantage à solliciter la décision du pouvoir qu'autant qu'on est sûr de l'obtenir. En des temps moins orageux que celui-ci, l'autorité consultée sur ce point nous a toujours conseillé de vivre comme nous faisons, sous *la protection du grand jour et des bonnes œuvres*.

Ozanam était devenu professeur populaire, applaudi et aimé d'un immense auditoire de jeunes gens. Honoré pour ses convictions libérales et ses croyances catholiques, il vit grandir rapidement son influence, mais, hélas! diminuer ses forces; il tomba gravement malade. Nous laissons de nouveau parler le P. Lacordaire :

« On lui avait indiqué Pise comme le séjour le plus favorable à son état; mais l'hiver de 1853 trompa toutes les illusions de ses amis. Froid et pluvieux, il n'apporta au malade qu'un long ennui et une aggravation de souffrances rarement mêlées de quelque lueur de bien-être. Il s'en consola par une activité héroïque en faveur de la première œuvre de sa vie, la société de Saint-Vincent de Paul. Elle était connue en Toscane, mais arrêtée au berceau par le gouvernement du grand-duc, qui ne pouvait croire à sa sincérité. Heureusement Ozanam était estimé, ou, pour mieux dire, célèbre dans ce pays. Ses travaux sur Dante y avaient été reçus avec applaudissement et traduits plusieurs fois.

« Il arriva donc que la grande-duchesse douairière entendit parler de ce Français et des peines qu'il se donnait pour introduire en Toscane une charité suspecte. Un jour qu'elle était à Pise, elle lui envoya quelqu'un avec prière de la venir voir dès le soir même. Ozanam, quoique accablé par la fièvre, se rendit à l'invitation. La grande-duchesse le reçut avec bonté. C'était une personne distinguée, aimant les bonnes œuvres, mais toute pleine de préjugés contre la société de Saint-Vincent de Paul, où elle ne voyait qu'un repaire de libéralisme, et elle affirma tout d'abord à Ozanam que jamais le grand-duc n'en autoriserait l'établissement, si l'on ne commençait par en chasser certains hommes qu'elle lui désigna. Ozanam parla longtemps, et comme il parlait toujours, c'est-à-dire avec un grand feu; il s'efforça de justifier l'admission des personnes que la cour ducale voyait de mauvais œil dans la société, et, remontant à l'origine même des conférences, il raconta comment, à la suite de la révolution de 1830, quelques jeunes gens avaient résolu de faire de la charité à l'exclusion de toute politique, que c'était là un des points fondamentaux de leur association, et le motif qui leur commandait d'admettre dans leur sein quiconque se présentait à eux, pourvu qu'il fût honnête homme et chrétien.

« A quelques jours de là, le grand-duc accordait à la conférence de Florence l'autorisation si longtemps refusée, et il l'étendait presque immédiatement aux conférences de Livourne et de Pise [1]. »

Nous donnons les deux derniers discours qu'Ozanam prononça peu de temps avant sa mort à Florence et à Livourne :

DISCOURS PRONONCÉ A LA CONFÉRENCE DE SAINT-VINCENT DE PAUL A FLORENCE.

30 janvier 1853.

Je vous demande la permission, messieurs, de vous adresser la parole pour vous exprimer les sentiments que j'éprouve en me trouvant au milieu de vous. Et, d'abord, je vous prie de m'excuser si, me servant de

[1] Notice sur Frédéric Ozanam, par le R. P. Lacordaire.

votre admirable langue, je suis exposé à la gâter beaucoup.

Comment pourrais-je retenir l'expression de ma joie lorsque je retrouve, si loin de mon pays, tant de frères qui s'aiment d'une même affection et ne forment qu'une seule famille? Autrefois déjà j'ai ressenti la même émotion en Angleterre, et tout récemment en Castille, où un petit nombre d'amis me reçurent dans une chambre peu spacieuse. Mais je vous assure que, si la chambre était petite, grande était la charité dans les cœurs! Elle se traduisait dans les regards, dans les paroles, dans les serrements de mains! Je suis profondément touché de cet esprit fraternel qui anime et vivifie les conférences de Saint-Vincent de Paul, et qui se retrouve constamment le même dans les contrées les plus diverses et les plus éloignées, et je ne saurais vous exprimer combien il est doux pour moi de le rencontrer ici, comme je l'ai rencontré déjà à Gênes, à Livourne et dans d'autres parties de l'Italie.

J'ai besoin de vous dire que ce n'est point par mon mérite personnel que je suis devenu vice-président du conseil général de Paris, mais uniquement à cause de mon ancienneté. Vous voyez, en effet, devant vous un des huit étudiants qui, il y a vingt ans, en mai 1833, se réunirent pour la première fois, sous la protection de saint Vincent de Paul, dans la capitale de la France.

Nous étions alors envahis par un déluge de doctrines philosophiques et hétérodoxes qui s'agitaient autour de nous, et nous éprouvions le désir et le besoin de fortifier notre foi au milieu des assauts que lui livraient les systèmes divers de la fausse science. Quelques-uns de nos jeunes compagnons d'études étaient matérialistes ; quelques-uns, saint-simoniens; d'autres, fouriéristes; d'autres encore, déistes. Lorsque nous, catholiques, nous nous efforcions de rappeler à ces frères égarés les merveilles du christianisme, ils nous disaient tous : « Vous avez raison si vous parlez du passé : le christianisme a fait autrefois des prodiges; mais aujourd'hui le christianisme est mort. Et, en effet, vous qui vous vantez d'être catholiques, que faites-vous? Où sont les œuvres qui démontrent votre foi et qui peuvent nous la faire respecter et admettre? » Ils avaient raison : ce reproche n'était que trop mérité. Ce fut alors que nous nous dîmes : Eh bien, à l'œuvre! et que nos actes soient d'accord avec notre foi. Mais que faire? Que faire pour être vraiment catholiques, sinon ce qui plaît le plus à Dieu? Secourons donc notre prochain, comme le faisait Jésus-Christ, et mettons notre foi sous la protection de la charité.

Nous nous réunîmes tous les huit dans cette pensée, et d'abord même, comme jaloux de notre trésor, nous ne voulions pas ouvrir à d'autres les portes de notre réunion. Mais Dieu en avait décidé autrement. L'association peu nombreuse d'amis intimes que nous avions rêvée devenait, dans ses desseins, le noyau d'une immense famille de frères, qui devait se répandre sur une grande partie de l'Europe. Vous voyez que nous ne pouvons pas nous donner véritablement le titre de fondateurs : c'est Dieu qui a voulu et qui a fondé notre société!

Je me rappelle que, dans le principe, un de mes bons amis, abusé un moment par les théories saint-simoniennes, me disait avec un sentiment de compassion : « Mais qu'espérez-vous donc faire? Vous êtes huit pauvres jeunes gens, et vous avez la prétention de secourir les misères qui pullulent dans une ville comme Paris! Et, quand vous seriez encore tant et tant, vous ne feriez toujours pas grand'chose! Nous, au contraire, nous élaborons des idées et un système qui réformeront le monde et en arracheront la misère pour toujours! Nous ferons en un instant pour l'humanité ce que vous ne sauriez accomplir en plusieurs siècles. » Vous savez, messieurs, à quoi ont abouti les théories qui causaient cette illusion à mon pauvre ami! Et nous, qu'il prenait en pitié, au lieu de huit, à Paris seulement, nous sommes deux mille et nous visitons cinq mille familles, c'est-à-dire environ vingt mille individus, c'est-à-dire le quart des pauvres que renferment les murs de cette immense cité. Les conférences, en France seulement, sont au nombre de cinq cents, et nous en avons en Angleterre, en Espagne, en Belgique, en Amérique et jusqu'à Jérusalem. C'est ainsi qu'en commençant humblement on peut arriver à faire de grandes choses, comme Jésus-Christ, qui, de l'abaissement de la crèche, s'est élevé à la gloire du Thabor. C'est ainsi que Dieu a fait de notre œuvre la sienne et l'a voulu répandre par toute la terre en la comblant de ses bénédictions.

Il est bien consolant surtout de penser qu'au milieu de cet accroissement si rapide, notre société n'a rien perdu de son esprit primitif. Permettez-moi de vous rappeler quel est cet esprit, et veuillez me continuer pour cela votre fraternelle attention.

Notre but principal ne fut pas de venir en aide au pauvre, non ; ce ne fut là pour nous qu'un moyen. Notre but fut de nous maintenir fermes dans la foi catholique et de la propager chez les autres par le moyen de la charité. Nous voulions aussi faire d'avance une réponse à quiconque demanderait avec le verset du Psalmiste : *Ubi est Deus eorum?* Où donc est leur Dieu ? Il y avait alors dans Paris bien peu de religion, et les jeunes gens, même chrétiens, n'osaient guère aller à l'église, parce qu'on les montrait au doigt, en disant d'eux qu'ils simulaient la piété pour obtenir des places. Aujourd'hui il n'en est plus ainsi ; et, grâce à Dieu, l'on peut affirmer que les jeunes gens les plus sages et les plus instruits sont en même temps les plus religieux. Je suis convaincu que ce résultat est dû en grande partie à notre société, et, à ce point de vue, on peut dire d'elle qu'elle a glorifié Dieu dans ses œuvres.

Sous ce rapport, ce serait évidemment un grand bien que l'esprit des conférences de Saint-Vincent de Paul se propageât aujourd'hui en Italie. Cet esprit est particulièrement nécessaire dans les contrées où l'Église est militante : aussi fut-il très-utile à la France quand Dieu permit qu'il y parût. Il ne vous aurait point été aussi nécessaire alors que la foi de vos pères, pure, calme et tranquille, suivait paisiblement le cours des vieilles traditions. Mais maintenant, pour vous aussi, tout a bien changé : les grandes commotions qui ont agité l'Europe se sont fait sentir en Italie, et l'on peut dire que le temps du combat y est arrivé pour l'Église. Pour moi, je m'en réjouis ; car j'estime que quand l'Église combat elle est plus près du triomphe, et je ne pense point qu'ici-bas se trouve le lieu de son repos.

Votre histoire est une preuve éclatante que l'Église sort plus grande de chacune de ses luttes. Votre saint Grégoire VII, vos saint Jean Gualbert, saint François, saint Thomas d'Aquin, ces grands catholiques, et tant de saints du moyen âge, naquirent au milieu des combats que des sectes furieuses livraient à la foi chrétienne. C'est une chose digne de remarque que toutes les attaques dirigées contre le catholicisme ont été pour lui autant de préludes de la victoire. Aussi la naissance de nos conférences en Italie me paraît aujourd'hui d'un heureux augure pour les destinées religieuses de ce noble pays ; c'est comme un premier sourire de Dieu, qui veut faire renaître dans cette belle Italie la foi robuste des anciens jours, retrempée dans le combat. C'est pourquoi je vous rends grâces et je me félicite avec vous de ce que vous avez été les premiers à fonder notre société dans votre Florence bien-aimée. O mes amis, mes confrères ! conservez et propagez cet esprit de fraternité chrétienne, qui est la base de la société de Saint-Vincent de Paul, poursuivez avec persévérance le noble but qu'elle se propose, de vous garder fermes dans votre foi et d'amener les autres à la partager avec vous.

Ne croyez point, d'ailleurs, que regarder la charité comme un *moyen* de conserver la foi, ce soit amoindrir cette sublime vertu. Elle grandira au contraire en nous : nous apprendrons, en visitant le pauvre, que nous y gagnons plus que lui, puisque le spectacle de sa misère servira à nous rendre meilleurs. Nous éprouverons alors pour ces infortunés un tel sentiment de reconnaissance, que nous ne pourrons nous empêcher de les aimer. Oh ! combien de fois moi-même, accablé de quelque peine intérieure, inquiet de ma santé mal affermie, je suis entré plein de tristesse dans la demeure du pauvre confié à mes soins, et là, à la vue de tant d'infortunés plus à plaindre que moi, je me suis reproché mon découragement, je me suis senti plus fort contre la douleur, et j'ai rendu grâces à ce malheureux qui m'avait consolé et fortifié par l'aspect de ses propres misères ! Et comment dès lors ne l'aurais-je pas d'autant plus aimé ?

Soyons-en persuadés, mes amis, ce sont là les prodiges de la charité chrétienne. Les sociétés purement philanthropiques n'ont point ces éléments de force et de durée, parce qu'elles ne se fondent que sur des intérêts purement humains. On y voit répandre l'argent, mais on n'y sent pas battre le cœur. Cette charité, qui mêle ses larmes aux larmes des malheureux qu'elle ne peut consoler autrement, qui caresse et recueille l'enfant nu et abandonné, qui porte les conseils de l'amitié à la jeunesse timide, qui s'assied avec bienveillance au chevet du malade, qui écoute, sans donner signe d'ennui, les longs et lamentables récits de l'infortune..., cette charité, ô mes amis! ne peut être inspirée que par Dieu.

Vous n'aviez pas besoin de m'entendre expliquer en quoi consiste l'esprit de notre association, puisqu'il remplit votre cœur. Mais, me trouvant au milieu de vous, c'était pour moi un besoin et un devoir de vous adresser ces paroles; j'ai espéré que vous les recevriez comme des traditions aimées et comme des souvenirs de famille. Je finis en vous remerciant de la bienveillance dont vous m'avez honoré. Je vais bientôt retourner pour quelque temps à Pise, où j'ai, comme vous, d'autres frères en saint Vincent de Paul. Mais, dans quelques mois, avant de regagner ma patrie, j'espère vous revoir encore; j'espère retrouver en vous ces sentiments affectueux que la charité accroît et vivifie, cet esprit de fraternité chrétienne qui m'a préparé parmi vous un si chaleureux et si doux accueil. J'en emporterai dans mon cœur le souvenir impérissable, et j'attesterai devant nos confrères de Paris que, sous le beau ciel d'Italie, l'arbre de saint Vincent de Paul a déjà poussé des rameaux dignes de figurer à côté de ses plus vigoureuses branches.

DISCOURS PRONONCÉ A LA CONFÉRENCE DE SAINT-VINCENT DE PAUL A LIVOURNE.

1er mai 1853.

Bien que, à cause de la faiblesse de ma santé, les plus brefs discours me soient interdits, je ne puis cependant résister au désir de vous adresser quelques paroles, pour vous exprimer l'émotion que j'éprouve en me trouvant au milieu de vous, bien-aimés confrères en saint Vincent de Paul, et pour vous dire combien je suis reconnaissant de tous les témoignages d'intérêt et d'affection que vous m'avez prodigués. Pour un inconnu, pour un étranger, pour un homme dont la plupart d'entre vous ignoraient même le nom, vous avez adressé à Dieu les plus ferventes prières. Doux effet de cette fraternité chrétienne, qui fait de nous des amis avant même que nous ayons échangé un regard, avant d'avoir entendu le son de nos voix, avant de nous être serré affectueusement la main ! Ce sentiment d'amour fraternel, qui unit sur la terre tous les catholiques, et qui de tant de peuples divers ne fait qu'une seule famille, se retrouve au plus haut degré parmi les membres de la société de Saint-Vincent de Paul. Le monde pourrait dire d'eux ce que les païens étonnés disaient des premiers chrétiens, ainsi que l'atteste Tertullien : Voyez comme ils savent s'aimer!

Messieurs et chers confrères, pardonnez-moi si, comme un des aînés de notre société, je me prévaux d'une longue expérience pour lui rendre un solennel témoignage. Quand viennent pour un chrétien les jours mauvais de la vie, quand il se trouve aux prises avec de graves infirmités, c'est pour lui le moment de remonter, par la pensée, les jours passés, d'évoquer le souvenir du bien ou du mal qu'il a faits : du mal, pour s'en repentir de plus en plus; du bien, pour y puiser des motifs de consolation et de soulagement dans l'affliction présente. J'en fais aujourd'hui l'expérience, et j'éprouve la plus grande douceur à repasser dans ma mémoire le peu de bien qu'en regard de tant de mal j'ai eu occasion de faire au sein de la société de Saint-Vincent de Paul, dans les premières et heureuses années de ma jeunesse. La parole est impuissante à retracer les consolations que ces souvenirs répandent dans mon âme, maintenant surtout que je ne sais si Dieu m'accordera longtemps encore la joie de voir le bien que fait notre société. Elle est bien juste et bien vraie, cette admirable parole de la sainte Écriture : *Beatus qui intelligit super egenum et pauperem, in die mala liberabit eum Dominus!* Heureux celui qui a l'intelligence de sa mission près du pauvre et de l'indigent; le Seigneur lui viendra en aide aux jours mauvais. — Messieurs et chers confrères, je vous souhaite du fond du cœur des jours heureux et tranquilles; mais il vous sera bien difficile de suivre le cours de la vie présente, sans rencontrer, ou plus tôt ou plus tard, les jours mauvais. Alors, vous aussi, vous trouverez une grande consolation à vous rappeler le bien que vous aurez fait dans la société de Saint-Vincent de Paul, et vous bénirez les heures employées à secourir des malheureux qui, peut-être, ont souffert plus encore que vous. Ce souvenir allégera vos épreuves, et vous sera en même temps une occasion d'avancer de plus en plus dans la voie du bien.

Pour obtenir plus sûrement ces heureux résultats, il faut chercher à accroître le nombre de vos associés. La multitude des pauvres qui ont besoin de vos secours doit d'abord vous y engager fortement. Dans l'origine, il fut utile, il fut nécessaire d'être en petit nombre, afin de former comme un noyau plein de séve, capable de germer, de pousser des rameaux et de porter des fruits. Et je me félicite avec vous que vous ayez commencé votre conférence exactement comme l'avaient fait à Paris les premiers membres de la société. Vous aussi, en effet, vous vous êtes réunis au nombre de huit ; vous aussi, vous avez commencé dans le mois des fleurs, mois consacré à Marie, notre protectrice spéciale. Je me félicite plus encore de voir se conserver religieusement parmi vous les traditions et l'esprit de notre institut. Cet esprit vit dans votre président, il anime votre président honoraire, qui porte avec tant de dignité et de grâce la devise de saint Vincent de Paul. Il respire surtout dans votre zélé et illustre pasteur, Mgr l'évêque Gavi, qui a donné de si grandes preuves de son affection à cette conférence naissante. Et comment ne pas reconnaître cet esprit et cette charité traditionnels dans les membres actifs qui rivalisent entre eux de soins pour les familles qui leur sont confiées, et dans les membres honoraires ou bienfaiteurs qui ont tant contribué par leurs aumônes au développement de vos bonnes œuvres ?

En deux années d'existence, vous avez fait de grands progrès. Il faut avancer encore ; il faut que la conférence de Livourne devienne un des centres les plus actifs de la société de Saint-Vincent de Paul en Italie.

Ceux qui ont déployé et qui déploient encore le plus de zèle pour la propagation de notre œuvre se plaignent de rencontrer deux principaux obstacles. Le premier est le respect humain. Que de jeunes gens qui s'inscriraient volontiers parmi les membres de la société de Saint-Vincent de Paul, et qui porteraient dans le service des pauvres toute la généreuse ardeur de leurs vertes années, s'ils n'étaient retenus par la crainte d'être raillés, parce que le peu de bien que nous essayons de faire, nous le faisons au nom de Dieu, sous le patronage d'un saint!

Répondez-leur qu'une semblable crainte aurait dû, à plus forte raison, arrêter les huit jeunes étudiants qui, émus des paroles méprisantes qu'adressaient aux catholiques quelques-uns de leurs condisciples, commencèrent la société de Saint-Vincent de Paul. Dans quelle ville, en effet, le respect humain est-il plus fort qu'il ne l'était, à cette époque, dans Paris? Toutefois ces jeunes gens n'eurent aucun souci de ce qu'on pourrait dire d'eux, sûrs qu'ils étaient de voir se lever le jour de la vérité et de la justice.

Répondez encore à ces captifs du respect humain qu'à peine les premiers membres de la société eurent franchi l'escalier du pauvre, distribué le pain à des familles en pleurs, envoyé aux écoles les enfants jusque-là négligés; à peine eut-on reconnu à ces signes que le peuple avait en eux de vrais amis, qu'ils trouvèrent aussitôt autour d'eux, non-seulement tolérance, mais faveur et respect. Ce siècle, en effet, tout corrompu qu'il soit sur tant de points, honore et respecte, il faut le dire à sa louange, ceux qui se vouent à l'amélioration du sort du peuple et qui cherchent à rendre plus léger le joug qui pèse sur la tête des fils désolés d'Adam. Lorsque, en France, dans les jours funèbres de 1793, on dépouillait les églises et les autels, on n'hésita pas à proposer d'élever une statue à saint Vincent de Paul, bienfaiteur de l'humanité; et, si je puis me servir de ces paroles téméraires et sacriléges en un sens, les impies, en retour du bien qu'il avait fait aux hommes, lui pardonnaient d'avoir aimé Dieu.

Dites enfin à ceux qu'arrête le respect humain que peut-être aurait-on pu comprendre leur timidité et y compatir dans l'origine, alors que nos conférences n'offraient ni les avantages du nombre ni les résultats d'une longue expérience. Mais, aujourd'hui, qui donc peut empêcher les ouvriers de la troisième heure d'entrer dans la vigne du père de famille, déjà remplie de vendangeurs, et de faire partie d'une société répandue dans les pays les plus civilisés, dans les cités les plus savantes du monde, à Londres comme à Paris, à Berlin aussi bien qu'à Rome? A Dieu ne plaise que je veuille ici glorifier nos conférences, qui attachent le plus grand prix à rester, non pas secrètes, mais obscures; non pas cachées, mais humbles! Si je parle ainsi, Dieu et notre saint patron me le pardonneront, car c'est pour fortifier les faibles. Que ceux-ci ne craignent donc pas de venir parmi nous; ils y trouveront assez de frères pour que leur timidité se rassure, assez d'exemples de charité pour éveiller en eux la plus noble émulation. Ils y trouveront l'amitié chrétienne et cette affectueuse fraternité qui ne leur laisseront d'autre regret que celui de les avoir connues trop tard.

Le second obstacle à la propagation de notre œuvre vient d'une crainte vague que la société de Saint-Vincent de Paul, sous le voile de la charité, ne cache un but politique. Dans beaucoup de lieux, j'ai vu naître cette crainte; on nous a crus tantôt d'un parti, tantôt d'un autre tout opposé, ce qui suffirait déjà pour démontrer que nous ne sommes d'aucun parti. A ceux qui vous témoigneraient une semblable crainte il faut répondre : Jamais la société de Saint-Vincent de Paul ne s'est mêlée de politique; l'esprit de parti en est absolument exclu, et, Dieu merci, elle est toujours restée étrangère aux discordes civiles. Elle n'a qu'un seul but : sanctifier ses membres en exerçant la charité et en secourant le pauvre dans ses besoins temporels et spirituels. Voyez Paris : nos conférences ne s'y sont trouvées compromises dans aucun des derniers bouleversements. Quatre gouvernements divers se sont succédé en France, dans l'espace de quatre ans, et notre société, conservant toujours son caractère exclusif de société charitable, est restée entourée du respect de tous, parce qu'elle n'est hostile à personne. Voyez deux autres pays, de mœurs et de caractères bien différents, la Hollande, régie par un pouvoir peu favorable au prosélytisme catholique, et l'Espagne, catholique il est vrai, mais toujours défiante à l'égard des œuvres qui ont pris naissance de l'autre côté des Pyrénées : eh bien, ces deux gouvernements, après la plus minutieuse enquête, ont cru devoir non-seulement tolérer les conférences de Saint-Vincent de Paul, mais encore en autoriser l'établissement par des décrets solennels. Nos conférences vivent sous le despotisme mitigé qui règne sur les rives du Bosphore et du Jourdain; elles prospèrent à l'air libre du Mexique et des États-Unis.

Du reste, disons-le hautement, nos conférences s'occupent de la plus intéressante des questions modernes. Regardant comme un devoir d'y porter une main bienfaisante, elles s'efforcent d'éteindre les fatals ressentiments du pauvre contre le riche et d'empêcher que la société ne se divise en deux camps, ceux qui ont et ceux qui n'ont pas. De même qu'autrefois, dans votre Italie, quand des factions implacables ensanglantaient les plus belles cités, on voyait un père Jean de Vicence, un saint Bernard de Sienne, se jeter, le crucifix à la main, entre les combattants, proclamer la paix et réconcilier les partis hostiles ; de même aujourd'hui les membres de la société de Saint-Vincent de Paul, bien que leur faiblesse ne permette pas de les comparer à de semblables héros, animés cependant du même esprit, font leurs efforts pour avancer ce grand ouvrage d'une conciliation universelle.

Dans votre vaste et florissante cité, il y a certainement des riches qui n'ont ni la facilité ni le temps d'aller en personne secourir les pauvres. Allez à eux et dites-leur : Si vous ne pouvez visiter vous-mêmes l'indigent dans sa demeure, s'il vous est impossible de le secourir personnellement, nous voici prêts à nous charger de cette mission ; nous tiendrons à honneur d'être à la fois vos ambassadeurs, les pourvoyeurs des pauvres, les serviteurs de Jésus-Christ, de Jésus-Christ, Dieu des pauvres et des riches, le plus grand des riches, puisqu'il l'est par sa nature, le plus saint des pauvres, puisqu'il l'est par sa volonté. Vous vous rendrez ensuite sous le toit de l'indigent, et, après avoir adouci ses insupportables misères par vos propres aumônes et par celles d'autrui, vous sortirez de sa demeure en messagers de la paix, rapportant, comme autrefois la colombe de l'arche, en signe d'une nouvelle alliance, le rameau vert de l'olivier.

« Mais Sienne, dit encore le P. Lacordaire, où une partie de l'université de Pise avait été transportée, et avec elle aussi une moitié de la jeunesse toscane, Sienne n'avait pas suivi le mouvement. Ozanam en gémissait beaucoup; cette jeunesse sans œuvres de charité le tourmentait comme un remords personnel, et il n'eut pas de repos qu'il ne se fût rendu à Sienne même pour y proposer et y établir une conférence.

« Quoique lié à des personnages de distinction, et en particulier avec deux religieux, affectionnés des écoles, il eut la douleur de revenir sans avoir réussi. Cet échec l'attrista profondément. « Dieu, disait-il, ne veut « plus bénir mes efforts,» Toutefois, malgré le découragement sensible où l'avait jeté ce qu'il croyait un refus de concours de la Providence, il résolut de lui faire encore appel, et, arrivé au bord de la mer, au petit village de l'Antignano, il écrivit une lettre de quatre pages à un de ses amis de Sienne, le père Pendola, pour le supplier de tenter un dernier effort [1]. »

AU RÉVÉREND PÈRE PENDOLA, A SIENNE.

Antignano, le 9 juillet 1853.

Mon Révérend Père et tendre ami,

Tout ce que vous avez fait pour ma petite famille et pour moi me touche moins que l'espérance que vous

[1] Notice sur Frédéric Ozanam, par le P. Lacordaire.

m'avez donnée pour Saint-Vincent de Paul. Cette chère société est aussi ma famille. C'est elle, après Dieu, qui m'a conservé dans la foi, quand j'ai quitté mes bons et pieux parents. Je l'aime donc et j'y tiens par le plus profond du cœur : j'ai été tout joyeux d'en voir la bonne semence germer et prospérer dans cette terre de Toscane. Mais surtout je lui ai vu faire tant de bien, soutenir dans la vertu un si grand nombre de jeunes gens, allumer dans un plus petit nombre un zèle si merveilleux ! Nous avons des conférences à Quebec et à Mexico; nous en avons à Jérusalem. Nous avons même assurément une conférence en paradis, car plus de mille des nôtres, depuis vingt ans que nous existons, ont pris le chemin d'une meilleure vie. Comment donc n'aurions-nous pas une conférence à Sienne, qu'on appelait l'*antichambre du paradis?* Comment, dans la ville de la sainte Vierge, ne verrions-nous pas réussir une œuvre qui a la sainte Vierge pour première patronne ? Et surtout comment ne réussirions-nous pas au collége Tolomei, où notre rejeton croîtra sous votre main, à l'ombre, sans les inconvénients d'une publicité précoce? Vous avez des enfants riches. Oh! mon père, l'utile leçon pour fortifier ces cœurs amollis, le bienfaisant spectacle de leur montrer des pauvres, de leur montrer Notre-Seigneur Jésus-Christ, non-seulement dans des images peintes par les plus grands maîtres, ou sur des autels éclatants d'or et de lumière, mais de leur montrer Jésus-Christ et ses plaies dans la personne des pauvres ! Nous avons souvent parlé de la faiblesse, de la frivolité, de la nullité des hommes même chrétiens dans la noblesse de France et d'Italie. Mais je m'assure qu'ils sont ainsi parce qu'une chose a manqué à leur éducation, il y a une chose qu'on ne leur a point enseignée, une chose qu'ils ne connaissent que de nom et qu'il faut avoir vu souffrir aux autres pour apprendre à la souffrir quand elle viendra tôt ou tard. Cette chose, c'est la douleur, c'est la privation, c'est le besoin. *Il faut que ces jeunes seigneurs sachent ce qu'est la faim, la soif, le dénûment d'un grenier. Il faut qu'ils voient des misérables, des parents malades, des enfants en pleurs. Il faut qu'ils les voient et qu'ils les aiment. Ou cette vue réveillera quelque battement dans leur cœur, ou cette génération est perdue.* Mais il ne faut jamais croire à la mort d'une jeune âme chrétienne. Elle n'est pas morte, mais elle dort. Mon cher et respectable ami, je vous envoie dans le bulletin de la société de Saint-Vincent de Paul une excellente instruction *sur la formation des conférences dans les maisons d'éducation*. Assurément votre expérience n'a pas besoin d'être éclairée, et vous pourrez adapter notre petite œuvre à votre grande maison, sans cesser de nous être uni et de faire gagner à vos élèves les riches indulgences accordées à la société de Saint-Vincent de Paul. Bientôt vos meilleurs jeunes gens, divisés en petites escouades de trois, de quatre, accompagnés d'un maître, vont monter l'escalier de l'indigent. Vous les verrez revenir à la fois tristes et heureux, tristes du mal qu'ils auront vu, heureux du peu de bien qu'ils auront fait. Quelques-uns s'y porteront peut-être froidement, sans intelligence. Mais d'autres s'y embraseront d'un feu qu'ils iront porter dans des villes où les conférences n'existent point, ou bien ils iront réchauffer les conférences plus anciennes de Florence, de Gênes, de Milan, de Rome, et de toutes leurs bonnes actions une part viendra s'ajouter à la couronne que Dieu prépare au P. Pendola, mais qu'il lui donnera, j'espère, le plus tard possible.—Je m'aperçois que je renouvelle le proverbe français : « Gros Jean veut prêcher son curé. » Non, mon Père, je ne vous prêche pas; c'est votre exemple, c'est votre conversation, c'est votre charité qui me prêche, qui me dit d'avoir confiance en vous et de remettre cette œuvre entre vos mains.....

La réponse se fit attendre quinze jours. Le quinzième, vers la fin de juillet, Ozanam reçut une lettre qui lui disait : « Mon cher ami, hier, jour de saint Vincent de Paul, j'ai fondé deux conférences, l'une dans mon collége, l'autre dans la ville[1]. »

C'est à la même date qu'il rendait compte de sa mission au conseil général, dont il était vice-président; sa lettre a été conservée, et l'on ne craint pas de faire connaître ce rapport confidentiel :

Antignano, près Livourne, le 10 juillet 1853.

..... J'ai eu le plaisir très-vif de faire connaissance avec la conférence de Pontedera, celle qui vient de

[1] Notice sur Frédéric Ozanam, par le P. Lacordaire.

donner une preuve si touchante et si naïve de son attachement au conseil en vous adressant une offrande de cinq francs. Pontedera est un gros bourg de cinq à six mille âmes qui faisait un assez gros commerce de transit, avant que le chemin de fer ne donnât un autre cours aux marchandises et d'autres stations aux voyageurs. Il ne faut pas chercher là beaucoup de nobles, beaucoup de savants, *non multi nobiles, non multi sapientes.* Mais là nous avons le confrère B... et en lui un des présidents les plus capables, les plus attachants que je connaisse. Le confrère B.. est aiguiseur, mais non pas aiguiseur ambulant, il tient boutique bien achalandée, et les jours de marché il aiguise les faux, les faucilles, les serpettes des paysans. Mais dans les heures de loisir, et les Italiens ont toujours du loisir, le confrère B... a beaucoup lu ; il étudie la religion dans les vies et les ouvrages des saints. Dans ces entretiens avec les plus beaux génies du christianisme, il a gagné, premièrement une instruction solide, ensuite une singulière élévation de sentiment, un charme de langage encore relevé par des manières naturellement aimables et délicates. Il était venu en habit d'ouvrier, mais avant cinq minutes de conversation on reconnaissait en lui l'homme supérieur, infiniment plus intéressant que cette foule de gens distingués qui remplissent les salons. En quelques mots il m'a fait, non pas connaître, mais voir de mes yeux la petite conférence de Pontedera, ses œuvres, ses difficultés, ses espérances, le tout avec une simplicité, un tact, une propriété d'expressions qui me charmait l'esprit, pendant que son exquise prononciation toscane m'enchantait l'oreille. La conférence de Pontedera se compose de neuf membres, tous travaillant de leurs mains ; elle est pauvre, elle n'a encore que quatre familles à visiter dans un pays où il y a beaucoup de mendiants, mais où les indigents vraiment dignes d'intérêt sont rares. On m'a promis d'augmenter le nombre des visites ; mais le zèle de nos confrères s'est principalement tourné vers l'éducation religieuse des enfants, souvent bien négligée en Toscane. Par leurs soins, cent cinquante enfants divisés en trois classes se réunissent chaque soir ; B... et ses confrères, à qui veulent bien se joindre quelques prêtres, leur enseignent la doctrine chrétienne ; les plus avancés servent de répétiteurs, et l'on a déjà les yeux sur eux pour en faire des membres aspirants et plus tard des membres actifs de la conférence. J'ai visité le lieu de ces réunions, ce sont des salles bien nues, et l'on a été obligé de mettre le confessionnal dans la cuisine, à côté du fourneau. Mais l'image du Sauveur y est, et aussi celles de la sainte Vierge et de saint Vincent de Paul. Les frais de loyer, d'éclairage en hiver, de bancs, etc., sont pour une conférence si modeste une charge bien lourde. Cependant le zèle du président va plus loin : les dimanches, il conduit lui-même une troupe de ces enfants à la promenade, il préside à leurs jeux, il y mêle ses bons conseils. Maintenant il se préoccupe de leur faire apprendre à lire et à écrire. Il est trop éclairé pour ne pas voir ce qu'on voit trop en Toscane, ce que devient l'instruction religieuse chez des gens qui ne savent pas lire, qui n'ont dans les mains ni catéchisme ni évangile, à qui il faut se contenter d'apprendre par cœur quelques prières et quelques définitions sans commentaires ni développements; car tout le temps du curé est employé à mettre dans ces esprits incultes un petit nombre de mots et un plus petit nombre d'idées. Je n'ai passé que cinq heures à Pontedera, mais ces heures m'ont suffi pour recueillir sur nos confrères les plus satisfaisants témoignages. Tout le monde y bénit le ciel d'avoir suscité des hommes si charitables pour sauver une jeunesse qui se perdait dans l'ignorance et le vagabondage.....

Pour nous, loin de trouver dans ces accroissements un sujet d'orgueil, nous y prendrons occasion de nous humilier. Le gazon des champs se propage rapidement ; il ne cesse pourtant pas d'être petit, et parce qu'il couvre beaucoup de terre, il ne dit pas : *Je suis le chêne.* Nous aussi, en devenant nombreux, nous continuerons d'être petits et faibles, et nous ne songerons pas à nous comparer aux institutions que Dieu a fait croître dans l'Église comme de grands arbres pour y donner de l'ombre et des fruits. Soyons humbles : je m'aperçois tous les jours que c'est par l'humilité, en Italie comme en France, que nos conférences finissent par vaincre les préventions et les difficultés. Tout le monde s'arme contre une œuvre nouvelle qui annonce de grands desseins. Mais quel mal peut-on vouloir à des hommes obscurs qui n'ont pas d'autres prétentions que de porter un peu de pain et de consolation dans un petit nombre de greniers? Puisse Dieu nous conserver dans cette simplicité de nos commencements, et saint Vincent de Paul, à ce caractère, nous reconnaîtra pour ses disciples.

Voilà donc cette dangereuse société peinte par elle-même. On a sous les yeux les papiers inédits de l'un de ses principaux agents, d'un des membres de cette espèce de comité directeur que M. le préfet de police, d'après les ordres de M. le ministre de l'intérieur, aux applaudissements des journaux la *Presse*, le *Siècle* et l'*Opinion nationale*, vient d'interdire et de dissoudre.

Le coup, il est vrai, est équivoque. On prétend qu'on n'a pas tué la société de Saint-Vincent de Paul, on l'a seulement coupée en petits morceaux. On laisse la vie aux membres de ce grand corps, on l'enlève à son cœur.

Tous ceux qui aiment Dieu, les pauvres, la justice et la liberté ont gémi de cette triste erreur de l'administration française, dont nous voudrions que cet écrit, que cette voix sortie du tombeau servît à amener la réparation. Affligés profondément, nous ne songeons pourtant point à nous venger autrement qu'en exhortant les confrères d'Ozanam à imiter son exemple ; à méditer ses paroles, et les jeunes gens qu'il aimait tant, à braver de vulgaires calomnies, à venir grossir le nombre des membres des réunions survivantes. Dénoncée, disgraciée, suspectée, la charité gagne à ces épreuves l'évidence du désintéressement. On ne sert point les pauvres pour plaire aux hommes, on plaît à Dieu seul. Ce Dieu, qui envoya notre navire sous des vents si favorables, vers des ports si nombreux, a permis qu'un orage s'élevât. Recevons-le de sa main, et comptons sur elle pour le dissiper. Fidèles au précepte évangélique, tâchons de vaincre le mal par le bien. Un saint, auquel un passant disait cruellement : « Je vous déteste, » se contenta de répondre : « Et vous, mon frère, si vous saviez comme je vous aime ! »

Le jour viendra où l'on nous rendra la justice, si nous ne perdons pas la charité.

FIN

PARIS. — IMP. SIMON RAÇON ET COMP., RUE D'ERFURTH, 1.

www.ingramcontent.com/pod-product-compliance
Ingram Content Group UK Ltd.
Pitfield, Milton Keynes, MK11 3LW, UK
UKHW020330220726
13923UKWH00003B/1478